Vet hart

KOENRAAD GOUDESEUNE

Vet hart

bokeh ✳

Vlaams Fonds voor de Letteren

Koenraad Goudeseune ontving voor het schrijven van *Vet hart* een werkbeurs voor literaire auteurs van het Vlaams Fonds voor de Letteren.

ISBN 978-94-91515-59-0

Omslagafbeelding: Jean Cruveilhier, 1843
Wellcome Library, Londen

voor Eva

De zee is het moe haar doden te verslepen

De aanblik van de enorme zee kan er niets aan veranderen
dat er me niks te binnen valt terwijl ik zit te kijken naar wat
er op de dijk gebeurt. En nog wacht ik, ik weet niet waarop.
Een koerier van DHL haast zich op het voetpad met een doos.

In mijn verrekijker vang ik op het strand een man met een
metaaldetector en een schop, het is alsof hij zaait, hij stapt
en houdt dan halt, schept iets op en gaat dan op de knieën.
Ik zal nooit weten wat hij vindt qua buit, een ring, het lipje

van een blik, de baard van een gebroken sleutel? Hij draait
zich om en keert terug. Wat hij doet is van geen tel, hij tast,
de lucht is grijs en zo is ook de zee. Het is niet goed te blijven,
te blijven kijken naar een man die loopt te zaaien in de winter.

Wat maakt hij wakker in het zand? Er moeten doden zijn
na al die tijd, resten, heimwee, hunker, kleine meisjes die nu
groot en bloot vertellen in het donker over hoe het 's zomers was,
toen ze naar datzelfde water renden, hun dode vader achterna.

En genieten moet je ook

Nooit hoorde ik het bos zijn gele bladeren terugeisen.
Ze wervelen weg, dat is alles. En hier? De zee geeft
en neemt geen golf terug die ze niet opnieuw verspilt.
Meeuwen maken ruzie in de lucht, dat is waar.

Maar waarover? Niet om brood, het ligt er nog.
Inmiddels is de zee het weefsel van een vrouw
die geeuwt en in mijn dronken kop op Eva lijkt.
In het vriesvak heb ik biertjes koud. Het brood –

ik denk aan wat ik gooide in de lucht terwijl de koude
grip kreeg op dat bier. Was het een ultieme brief
die ongelezen in de aarde viel? Ik ben een mens
die waggelt. De gedachte aan de dood til ik bij elke slok,

hoge muiterij is mijn drinken nu. Als een leertijd
tussen golven is het leven en genieten moet je ook.
Liefde kent over 't vlees geen tirannie. Ik voel mijn schedel
schudden op de vraag of ik bang ben voor anarchie.

Ik heb genoeg gedronken

Wat helpt Chopin op de dijk van Oostduinkerke in januari?
Ik heb genoeg gedronken om polonaises te willen dansen
met gescheiden vrouwen aan de toog. Ze zijn de swing vergeten
waarmee hun mannen pronkten na drie Duvels. Een Martini,
    graag.

De duinen helen als vanouds het pijnlijkste zeegraf. Zie de
    kammen
schuimen, zeg ik hen en toast. Ik ben zowaar blij met haar-
    kapsters
die tegen de zestig mikken. Extensions? De wind, die hier
    komt van
ver, doet een reclamepaneel voor zonnecrème enerverend klap-
    peren.

Daar, in residentie Viking, zeven hoog, woont een Russische
met haar demente moeder die op de laptop naar opera kijkt
en vervelend doet over de Vlaamse kost. Kust? Soms zie ik
in de tearoom met de homofiele kelner haar verkouden achter

een cappuccino zitten. Ik ga naar huis alleen en op mijn weg
kom ik scholieren tegen, ze roepen iets stoers in mijn gezicht
en rennen dan zo hard als mogelijk de tarmac van een zijweg op.
De lift schuift open. In de spiegel kijk ik alsof ik hen nog hoor.

Engeland

Soms ben ik zo lucide dat ik vanuit mijn raam
haarscherp de parochiekerken diep in Engeland zie.
De syndic van dit gebouw is een bejaarde man
die me gek genoeg voor een schrijver houdt.

Toen zijn vrouw gestorven was, leerde hij schilderen
en sindsdien schildert hij niets dan garnalenvissers
op boerenpaarden, kniediep in de branding, manden,
zuidwesters, perkamentgele oliepakken.

Mijn vrouw hield van folklore en van garnalen, zegt hij.
Wie ben ik om te geloven dat je daar niet van houden kan?
Elke maand komt hij de inkomhal en de gangen dweilen
en hou ik angstvallig de deur gesloten. Hij weet dat ik drink.

Laatst zei ik hem dat ik ooit jaloers was op rijkeluiskinderen.
Jeugd vonkte in zijn blik en ik toonde hem de kapotte brie-
     venbus
waaruit reclame stak voor keukens van Donald Muylle.
Het tochtte vreselijk, in zijn eentje hield hij de voordeur tegen.

Waar het zand blijft

Om halfvier in de nacht ga ik in de woonkamer zitten
roken en kijken naar de zee die ik vanuit mijn raam wel weet
maar niet zie. Het licht van de pier, de maan. Verdwijnen
doen de lichtjes van verre boten en verschijnen weer.

De wandklok bonkt subtiel met deuren die geopend,
noch gesloten worden. De whisky smaakt naar hout
van omvergegooide stoelen. Ik weet dat ik terug ga
als ik drink naar het licht dat het prille van de avond

aan een doodsstrijd bindt. De lege dijk. De straatkant
waar het zand zich in hoeken op blijft hopen. Kom nu,
dood, bevrijd me. Op de dijk jaagt de storm een kerstboom
voort en pal daarna een PMD-zak met lege blikjes Jupiler.

Op de schoorsteenmantel staan de rouwberichten
van recente doden. Alcohol maakt hun zwart-witfoto
zwarter. Met mijn dronken kop ga ik zitten bellen,
nummers die ik in mijn gsm vertik te wissen. Kom.

Mailboot

Tussen twee golfbrekers loopt hij rond, de hond,
een Ierse setter aan een lege riem. Waar is Isabel?
Zijn muil is nat en koud en in zijn vacht zit zand
en jachtinstinct. Isabel? Tot vorig jaar dronken we

samen gin, keken we naar wat er was en nog zal zijn
als alle schade ernstig en voorgoed is toegebracht.
Hij snuffelt en daarna zet hij het op een rennen
naar een meeuw op één poot die huivert in de wind

en hopeloos op tijd wegwiekt. Hij struikelt een eindje
door. Waarom? Zij is nergens. Ook terugkeren
heeft geen zin. De golven bedreigen hem met schuim
dat in vlokken loslaat. Hoge druiven, dronkenschap.

Hij zigzagt tot aan de plek waar niks bijzonders
hem doet besluiten naar de zee te blaffen. De mailboot
die zonder zin en traag zich van de kust verwijdert.
Vaarwel Isabel, ik heb waarachtig geen laatste zin.

Aperitief in taverne Duinzicht

De ramen zijn na een uurtje weer beslagen, ik drink
moezelwijn met cassis en lees in een achtergelaten krant
over het opspuiten van het strand waarop de gemeente
inzet dit seizoen. De kelner haalt bestek door houten

ringen en een doekje over lege tafels. Er is muzak en getik
van ballen in de biljartzaal. De generaal op rust laat zich
inpakken door de plaatselijke mandataris. Er wordt gebiljart
in het West-Vlaams maar de dames lezen *Paris Match* en *Vogue.*

Er hangt nog kerstversiering aan de luchters, ik wil roepen
maar neem een slok en blader verder in wat gisteren verscheen.
Auto van de weg, Jolien Verfaille nog altijd vermist. Nieuwe
bedding voor de kusttram in Nieuwpoort. Vissers protesteren.

Wat zal ik eten deze middag? Heb ik honger, mist het in mijn
    hoofd?
Ik bestel een tweede Duitse kruik. O, lange dagen zonder zin.
Kom nu, dood, bevrijd me. De kelner prikt het kasticket
op een houten blokje waaruit een venijnig scherpe spijker steekt.

Muziek van beesten

Ik krijg een ansichtkaart uit de Alpen van mijn buurvrouw.
Ik heb hem aan de muur geprikt, daar waar het zonlicht valt
als de zon 's morgens schijnt. Zonsopgangen boven zee
zijn zeldzaam in de winter en wat bij ons ontbreekt,

is het mooiste wat er is, dat schrijft ze: bergen.
Ik kijk naar de zee, dezelfde zee waar ook zij naar kijkt.
Traag passeren boten, ze klimmen noch dalen af.
Jaklien heet ze. Oud, maar met gestifte lippen.

Als ik dronken ben en in mijn eentje noem ik haar de koe,
maar ook Stille Oceaan. En dan kijk ik door het grote raam,
naar het licht dat langzaam blijft verdwijnen en het rollen
van de branding. Hier weet ik gauw dat niks meer hoeft.

De wodka slaapt in mijn hand en ijsblokjes rinkelen
als een wekker. Een verdieping lager slaat haar dochter
elk halfuur haar kind. Daarom heb ik mijn horloge verkocht.
Haar man had zeven stents en verzamelde dode vlinders.

Champagne

De vlakke zee maakte een zinloze start in mijn dromen
en gaat gewoon door onder een nietsontziende zon.
Het is vrijdag, zes januari, dagjesmensen op het strand
verbijten de scherpe koude, van champagne is de hemel

naar het Oosten en iemand schreef Gelukkig Nieuwjaar
in het zand. Mensen wandelen er in een boog omheen,
je ziet nog goed waar hij of zij met schrijven groots begon,
dwars door de niet te peilen dingen heen en waar de letters

haastig worden, de boodschap krom. De post was vroeg
vanmorgen en belde aan. Beste wensen beste man, ik toastte
met wat ik gisterenavond heb laten staan en vond in de keuken
een handvol euro's en een proper glas. Drink, al was het maar

tegen de koude die ons beiden steekt als wespen,
drink, veeg je neus af en vertel me of het zin heeft
hier te wonen, hier te kijken naar de zee die zelden helemaal
leeg is als een fles. Hoor de kerkklokken in vlagen middag slaan.

De zee wenst hen geen geluk

Nooit zag ik de zee sorry doen of zich verspreken,
nooit zag ik ook maar een moment van aarzeling
in het opkomend getij. Een golf die vooraleer hij is,
gaat in zichzelf weer liggen, voedt eb zowel als vloed.

Niet te zeggen is wat gaat, behalve dat het verder gaat.
Wat komt is op tijd gekomen en verdwijnt. Wat verdwijnt
verschijnt opnieuw. Voor dat alles zijn er woorden
zonder archimedisch punt, martelgang en promenade.

Hier wijzen de armen van de klok het ogenblik aan,
maar wat wijst eeuwigheid aan? Wat rooft de horizont
als de avond valt, wat wordt geboren als het gloort?
Heden ik morgen gij. Hierachter rusten doden voor altijd.

Hierachter eindigt de zee en wacht het land. Hierachter
schildert Rembrandt tankstations in industriële kleuren.
In dorpen trouwen mooie vrouwen in het wit, van het stel
worden foto's genomen. De zee wenst hen geen geluk.

Dan sneeuwt het op dit late uur

Dan sneeuwt het op dit late uur, het strand wordt wit,
de klaarte houdt geen stand. De zee slurpt onverschillig
voor zich uit terwijl de avond valt, trekt zich terug,
komt aanzetten en verdwijnt dan weer als grijs in grijzer

grijs. Het schuim van golven rijkt de hand naar wat
in vlokken op haar daalt. Wat uit de hemel valt is heilig.
Vissers zijn met kerstmis thuis. Kom nu, dood, bevrijd me.
Kom nu en laat mij los. Van wat ik aldoor zie ben ik

gemaakt. Je reist maar in mijn hoofd en laat het uit.
Ben ik laf? Ontbreekt het wat ik zie aan durf? Of ben ik
het die dronken kijk naar wat mijn raam te drinken
geeft? Kom nu dood, het is genoeg geweest. Kom nu,

laat mij gaan, laat boten loeien in de mist, ik hoor ze smeken
om een zeemansgraf. Gordijnen kan ik beter sluiten. Ik moet
met strengheid luisteren naar Marvin Gaye. Het sneeuwt
nog steeds. De wind is niet gevallen. Kom nu, neem mij mee.

Dorstig is de nacht

Eskimo's hebben een spreekwoord. Gisteren is as,
morgen is hout, alleen vandaag brandt het vuur.
Maar wanneer is vandaag precies begonnen?
De zee laat weer alles in het midden, de lucht

is grauw. Toen ik de buurvrouw hoorde douchen?
Misschien, ik was al uren wakker, nooit echt
gaan slapen. De lamp naast mijn bed schonk
jonge klare lauw in een glas waarop mijn vingers

toonden hoe dorstig de nacht zich aan mij beveelde.
Ik droomde kort en akelig over een treintje ezels
op het strand. Mijn moeder liep weer naast me
en lachte naar wat stonk. Ik hield me aan de manen

vast en huilde. Ik had overal zussen met andere vlechten
in het haar. Een kind kwam tierend uit het water
en struikelde over een plastic emmer. Toen werd ik
wakker, dronk jenever, morste, riep in gedachten stop.

De zee is Mozarts lege graf

Uitbater van strandmeubelen heit palen in het zand.
De klap van hout op hout bereikt me een fractie later
en paradoxaal genoeg is wat hij doet nog veel te vroeg.
Het is bewolkt, maar nu en dan dreigt zon met plassen licht.

De zee is wild, meeuwen wieken hoog en schelden.
Na de middag spant hij zeilen; de wind doet bollen
en verslapt. Een felle bui vol hagel jaagt het vooruitzicht
weg dat over maanden deze plek zal baden in de zon.

Een lege bus van reizen Lauwers zucht en rijdt
het Heldenplein op. Ik ontkurk een fles Chablis
en hef het glas op wat ik zie: slotenmaker Degrijze
legt op het dashboard van zijn camionette een krant.

Ik weet niet wat de rest van de dag nog brengt,
het is kwart voor drie, op Klara treurt een cello.
Ik drink drie glazen na elkaar en voel nog niets.
De fles kijkt neer op mij, de zee is Mozarts lege graf.

Volta do mar

Land in zicht was nooit een lied, maar wat zing je
als het mist? Iets treurigs, dat staat vast. Altviool,
mandoline of Turkse luit, kies maar, het maakt
niet uit. Viel het al iemand op dat snaarinstrumenten

de vorm hebben van een boot, dat je van muziek
kunt zeggen: als de zee is zij, eindeloos, nooit uitgeput?
Ze wiegt zichzelf, klaroent voor koningen en tooit
vol overgave jonge meisjes voor het eerst met heupen.

Maar wat zing je als het mist, als omgekeerd het land
de zee niet vindt? Vasco da Gama nam geen muzikanten
mee aan boord. Scheurbuik, tyfus en de steile winden
rond Kaap de Goede Hoop. Wie gek werd liet het leven.

Je houdt je dronken kop en gaat naar buiten. De mist
is een dikke muur die telkens wijkt. Wanneer ben je
vandaag beginnen zuipen? Je tast, je zwalpt, je zingt,
maar niets dringt door. Vergissen is wat spoort.

Wachet auf

De cardioloog houdt praktijk op de dijk
van St. Idesbald. Het is een mooie dag,
mijn bloeddruk wordt gemeten met zicht
op zee. Een ECG-scan vertelt de waarden

van mijn hart. Ik voel me een bedelaar
met een duur horloge en trek mijn hemd
weer aan. Op een marmeren voetstuk staat
de doorsnede van een hart, net een papegaai,

gemarteld. Ik zeg zonder fout de medicijnen
te zullen slikken die hij onleesbaar voor me
schrijft. Wat kan het hem nou schelen
als ik in een taverne duik en bij de koffie

cognac vraag? Het koekje laat ik liggen.
Ik laat de bronzen bel heel zachtjes walsen
in mijn hand en proef de sterke drank
die twintig jaar in vaten op mij wachtte.

Wat wortels heeft

Op de trein zie ik sinds lang weer bomen, ze flitsen
aan het raam voorbij als de reis het bos in gaat.
Het past niet bij hun aard zo snel voorbij te zijn.
Me dunkt: wat wortels heeft, wil blijven staan.

Dan ritst het landschap open, de lucht lijkt wel
van huid door mij betrapt op overgave. Daaronder
groen dat als een lichaam plooit en bij pozen
huivert. Aan de einder is er oponthoud. Na maanden

altijd weer dezelfde zee, heb ik niet terug van zoveel
haast, ik kijk naar wat mij in de verte wacht en ook
dat is tevergeefs: een kerkhof bij een klooster wil niet
wachten op de jongste dag, wordt koterij, struikgewas

en voetbalveld. Een open stal met koeien in de modder
vlekt heel even het zicht met traagte, populieren
leiden wuivend een kanaal tot van een stad de rand.
Verzilverd wordt het water in een kom. Elektrabel, gevaar.

De vaders

Mijn vader had een hekel aan boksen.
Zodra er een kamp was, slofte hij op zijn pantoffels
naar het zwart-wittoestel.

Nee, riep ik!
Nee, godverdomme!
Laten staan!
Kijk dan toch, man!

Hij is al enkele jaren dood
en ik heb een zoontje
dat niet van boksen houdt.

Ik roep: kijk uit!
Hier, en hier, pak aan!
En nog een, man!

Gerrit Kouwenaar

Twee forellen ga ik bakken.
Op het aanrecht liggen ze te ontdooien.
Ik ving ze in Frankrijk, niet ver van waar hij woonde.
Toen hij daar nog woonde.

Ik herinner me dat ik er slechts twee ving.
Dus gingen ze het vriesvak in.

Die avond at ik met mijn vriendin op restaurant.
Iets uit de streek, uit de kunst.
Maar geen forel. Geen Truite à la Chambord.
Lekkere wijn ook. Witte.
En als perzik een volmaakt eetbaar toetje.

Ik herinner me dat ik tegen mijn vriendin zei:
«Wie dit niet lekker vindt, heeft geen dochter.»

Ik kan er twee op. Ik ben alleen.

Kameel

Ik ga een gedicht schrijven
over een jonge kameel.

Ik ga doen alsof de woestijn
een dikke poep heeft.

Zo'n gedicht ga ik schrijven.

Vragen aan een schilder

Waarom wou je de wereld laten zien
dat je je niet verveelde?

Welk stichtelijk boek las die wulpse vrouw?

Waarom bleef je huishoudster steken in schetsen?

Ging je daarna ooit nog naar zee?

Waarom zoveel schilderijen waarop je dochter
niet ouder wordt?

Hoe lang wil je dat we kijken naar een citroenschil?

Waarom vermeed je zo angstvallig ouderdomsvlekken?

Wat had je met parfum, geigertellers?

Waarom schreef je in je dagboek dat je geen scherp mes
kunt schilderen?

Als ik je nog eens zoen

Als ik je nog eens zoen, zullen de gevolgen niet rampzalig zijn.

Literatuur zal literatuur blijven,
zoals distels.

Ik heb niet het gevoel dat ze me zullen pakken.

Ik bevind me op de flank
van een grote berg.

Het meeste van het tuig
explodeerde.

Heb vertrouwen.

Hadj

Ooit zal mijn tweede vrouw het oude gezicht van de moeder
met veel kinderen hebben, want haar visgronden zijn rijk en diep.

Mijn tweede vrouw zal door mijn eerste vrouw gerespecteerd
    worden
en zij zal op haar beurt mijn derde vrouw respecteren
die bij mijn dood ontroostbaar zal zijn.

Ik zal mijn dochters onder de hoede van mannen stellen
die net zoals ik geteisterd worden door de zee.
Ik zal mijn zonen leren hoe ze moeten roeien met een zweep.

De droom ging zo

We waren in een bos.
Bij de voet van een met struiken begroeide heuvel
vonden we een dode vogel waarvan jij beweerde
dat die vogel het bos nooit had verlaten.

Ik vroeg: hoe kun je dat weten?
Zo'n groot bos, zei jij.

Ik nam die vogel mee.
En jij hebt me een liefde lang verweten
dat ik een dode vogel bij me droeg.

Oorlog & terpentijn

Op een dag middenin de oorlog was ik in een stadje waar de
    bommen
zo langzamerhand het hart uit je lijf begonnen te rukken
zodat je moest denken aan alle geweldige dingen in de wereld
waaraan je het volgende ogenblik niet meer zou kunnen den-
    ken.

Ik probeerde zo gauw mogelijk op handen en voeten een kelder
    te bereiken,
en in die kelder was een oude West-Vlaamse vrouw en een koe
die ze mee naar binnen had gesleept en daarachter hoorde ik
    iemand
uit de streek het Onze Vader zeggen, een gefluister ergens bij
    de staart.

Ik dankte Onze Lieve Heer dat ik bij haar kop stond.
Het arme dier stond op haar vier poten te trillen en opeens
    besefte ik
dat de tragiek van een beest twee poten erger kan zijn dan die
    van een mens.
Aan het einde viel zacht haar mest, op de plek waar vurig werd
    gebeden.

Adel

Ik heb vrienden die vreselijk zijn gaan schilderen.

Ze geloofden in abstractie.

Barnett Newman, Dan van Severen, Rothko.

Ik was 18 en werkte in Hotel Royal aan zee.

's Morgens kreeg de adel verse garnalen bij het ontbijt.

Ik verhef mijn stem

Als ik ga stemmen denk ik altijd aan een Turkse rechter
die, na het uitspreken van het vonnis, het potlood breekt.

Ik zit vol dramatiek als ik mijn stem uitbreng!
Als er foto's zouden worden genomen
dan kunnen die zo op de sportbladzijden.
Zie mij, zie mij stemmen!

Maar het is iedere keer dezelfde meuk
waaruit ik kiezen moet.
Griekse yoghurt.

Met één oog kijkt die Turkse rechter naar de veroordeelde,
en met het andere naar het potlood waarmee hij schrijft.

Ik ook.

Paul van Ostaijen

Van een renner uit mijn dorp
met monsterlijk grote handen,
zeiden wij als kinderen
dat zijn moeder, toen zij
in verwachting was,
van een olifant was geschrokken
in de zoo van Antwerpen.

O, kermiskoersen!

Brief over het humanisme

Het is te laat om een brief over het humanisme te schrijven.
Toen ik deze morgen van de krantenwinkel terug in mijn flat
  kwam,
rook het er, ik zal het maar zeggen zoals het is, naar een bejaar-
  denflat.

Nu woon ik hier al een tijdje alleen, ben zelf bijna een halve eeuw,
maar die onmiskenbare lucht van oude mensen
kwam mij als een belediging voor – ik had geen ander woord.

Ik ging de krant zitten lezen met alle ramen open, met de
  vrachtwagens
en de vogels vóór mijn deur, warm noch vrolijk werd ik er van,
maar qua timing kon ook nog wat anders tellen.

Daarover wou ik het dus in mijn brief over het humanisme
  hebben,
maar het is te laat, ik heb de ramen al lang weer gesloten.
De dag is mooi gebleven, in repen zonlicht danst er stof.

Harlekijn

Mijn moeder knipte mijn haar vannacht.
Het groeide sneller dan zij knippen kon.
Ze had een boerse schaar
en een manier van doen, ach.

Tijd had Franse filosofie gedaan in mijn droom.

Ik zag me weer door tranen
iets belangrijks vangen.

Zoals zij met Elnett vangen kon,
haar eigen blonde haar.

Mama.

Yah

Ik zou, geloof ik, een cowboyhoed kopen,
en die alleen maar binnenshuis dragen
en me 's morgens verbeelden dat er iemand
naast me ligt en haar zeggen:

Ja, ook vandaag ga ik mijn cowboyhoed dragen!

En zij zou lachen, zij zou de prut uit haar ogen wrijven
en lachen en daarna nog een beetje verder slapen.

En ik zou haar niet storen en ik zou spek en eieren
bakken met mijn cowboyhoed op in de keuken.

En ik zou haar ten huwelijk vragen met mijn cowboyhoed op.
En ik zou naar een kerk informeren waar je een cowboyhoed
    mag dragen
terwijl Christus aan het kruis sterft.

Zo'n zwarte Stetson westernhoed, weet je wel.
En het zou mij allemaal geen kloten kunnen schelen.

Gedichten trekken werkelijk nergens op

Ik leef in een land met bijzonder veel actrices.
Velen hebben bakken talent, fraaie looks.
Maar de films en de series waarin ze opdraven
zijn werkelijk moordend voor mijn humeur.

Als ze nog kind zijn begint het al met kleine rollen.
Ze zitten op de paardjesmolen en even later
is hun papa zoek en gaat het die hele klotefilm lang
over wat er precies is gebeurd en huilen ze hete tranen

zoals alleen kindsterren dat kunnen en heb je met hen
te doen en komt het uiteindelijk allemaal goed,
of zo goed mogelijk, die emotionele shit, weet je wel.
En als ze volwassen zijn wordt het alleen maar erger.

Dan bedriegen en liegen ze dat het een lieve lust is,
of dan zijn ze depressief en slikken ze anderhalf uur
gin en Alprazolam en moet ik geloven dat ze dichteres zijn.
Maar de gedichten die ze zogezegd schrijven – nee.

Die gedichten, geloof me, trekken werkelijk nergens op.

Papa is een varken

Ik ben geboren in een dorp dat tijdens mijn leven
alsmaar langer werd en geleidelijk aan overvloeide
in een ander dorp dat op zijn beurt – enzoverder.
Mijn leven is een grote baan met kleine zelfstandigen.

Provincialistisch is alles gebleven en de mensen
die nog relatief jong waren in mijn jeugd, zijn nu oud
en herinneren zich mijn ouders nog.

Mijn moeder werkte in een supermarkt en werd
daarna coiffeuse aan huis. Knipte en kleurde
het haar van oude mensen in het dorp die niet meer
buiten konden. Mijn ouwe verkocht Ford's.

Splinternieuwe modellen in een plaatselijke garage.
In mijn gedachten komt hij 's avonds thuis.
Alles is dichtgebouwd, mama. Papa is een varken.

Charles Bukowski

Ik had een zoon van zestien jaar.
Het was een goede jongen.
Naïef, geëngageerd, verlegen.
Ik had het idee dat hij geen vlieg
kwaad kon doen.

In mijn droom logeerde hij een week
bij Charles Bukowski.
Charles Bukowski nam hem mee
naar de paardenrennen,
leerde hem whiskey drinken.

Ik werd wakker op een jacht
in de Italiaanse Rivièra,
naast een veel kleinere jacht
waarop Erwin Mortier
Albertine disparue lag te lezen.

Mensen die je misschien wel kent

Wat je dus ook niet meer ziet:
Een rubberen lint achteraan een auto.
Ik heb nooit geweten wat het daar deed,
het sleepte onder het rijden over de weg.
Dat was alles.

Ik liet me vertellen dat het er hing
om contact met de aarde te houden.
Als dat zo is, waarom was er vroeger
nood aan en thans niet meer?

Ik zat ooit in de wagen met Eriek Verpale.
Zijn vrouw, Christl heette ze, reed.
Het was in de kanaalzone rond Zelzate.
Ik zat achterin en zag plots Eriek
het stuur van zijn vrouw overnemen
en bruusk naar de middenberm zwenken.

Waarom? Geen idee. Een folietje.
Zo was hij wel, Eriek.
Zijn vrouw kon er niet mee lachen
en reed verongelijkt verder.

Om iets te zeggen vroeg ik
naar dat lint achteraan een wagen.
Waarom het er hing?

Als het regent 's nachts

Als het regent 's nachts blijven plassen zwaarlijvig op de aarde
    liggen.
Als het regent 's nachts worden stervenden blind
en leest donkerte de natte braille van het einde.

Van modder zijn de sterren als het regent 's nachts.
Mijn overhemden die te drogen hangen
en die niet drogen als het regent 's nachts.

Als het regent 's nachts breng ik prostituees naar huis
die gepast betalen uit kleine portemonnees.

Als het regent 's nachts schamen daklozen zich onder bomen
die pas gaan druppen als het stopt met regenen.

Als het regent 's nachts wacht ik als een rechter
op het wegleiden van een veroordeelde.

Als het regent 's nachts zwemmen koude frieten
in de vuilnisbakken van deze universiteitsstad.

Voor mijn minnares, die bij haar man terugkeert

Weet je nog, liefje, dat ik 's morgens dikwijls lachend wakker
    werd?
En dat je niet begreep waaraan ik zo vroeg op de dag lol
    beleefde?
Ook niet als ik het je vertelde?

Dichters, zei je, en je lachte, maar moeizaam nog
en niet met wat mij aan het lachen had gebracht,
maar met het idee dat je man niet wist dat je, dat je.

Welnu, het was zo'n morgen, maar jij was er niet
en ik lag te kraaien in mijn bed.

Ik kon niet zeggen wat me aan het lachen bracht
en even later staarde ik naar het plafond.

En nu het avond is, zie ik in plaats van jouw naaktheid
die van je man. Ik zie zijn blote kont als de volle maan
ook aan mijn landschap een doods schijnsel geven.

Ik heb nooit veel aan je man gedacht. Deernis is niet cool.
Maar nu fonkelt hij aan je heelal.
Ik weet, hij is goed voor je.
Hij trekt de zwarte gordijnen 's avonds dicht.
In feite is hij bijzonder.
Hij is je vuurwerk in de narigheid van februari
en zo echt als een pas gestreken hemd.

Geef toe, ik was een eendagsvlieg.
Een uitspatting. Een helrode sloep in de haven.
Mosseltjes buiten het seizoen.

Hij heeft bij het ontbijt wilde bloemen voor het raam gezet.

Ik geef je je hart terug.
Ik geef je de toestemming –

voor de lont in hem.

Kreupel hart

Ik schiet eerlijk gezegd niks op met je oude foto's.
Ik vind ze mooi. Tuurlijk vind ik ze mooi.
Veel mooier had het niet kunnen zijn, veronderstel ik.
Het is allemaal min of meer perfect:
het licht, de timing, de invalshoek.
Heus, die oude foto's van je zijn uit de kunst.
En de zon!
Het is alsof de zon sindsdien vergeefs schijnt!

Maar de data!

Denk je dat er niets gebeurde op 7 juni 1993?
Niets behalve dat gewuif van je in de baai van Napels?
Toen je nog lang haar had?
Toen je vader nog terugwuifde?
Toen je het nog niet verfde?

Riep je die dag alleen maar: «Joehoe!»
En verwaaide het in de wind die landinwaarts blies?
En ging het ergens liggen of zo?
Denk je nu werkelijk dat het zin heeft te geloven
dat er onder de lekkende kraan van je schoonheid
een emmer staat?

Weet je dan niet dat een vader zijn enige dochter verwent
met naalden in zijn eigen hart, liefje?

Denk je dat zijn pijn marmer en vergetelheid kan zijn?

Hotels die je op één hand kunt tellen

Soms krijg ik man en vrouw op de achterbank
waarvan ik denk: ongelukkig getrouwd.
En ik denk aan de Nederlandstalige poëzie
en aan mijn deel daarin en ik denk:
Koenraad Goudeseune, je bent een beroerde taxichauffeur!

En ik rijd door de drukke stad,
waarvan de drukte voor een deel bestaat
uit eenzamen die vergeefs
hun onbeantwoorde liefde uitschreeuwen.
En ik denk: Koenraad Goudeseune, je bent een beroerde realist.

En ik kijk in de achteruitkijkspiegel
en ik zie mijn dode ouders zitten,
en dus een beetje mezelf,
(al kom ik niet in het spiegelbeeld voor)
en ik denk: Koenraad Goudeseune, je bent een beroerde dichter.
Maar het is helaas niet waar.

Soms krijg ik man en vrouw op de achterbank
waarvan ik denk: goed dat die twee nu bij elkaar zijn.
En ik kijk niet in de achteruitkijkspiegel
en ik denk niet aan de Nederlandstalige poëzie.

En ik rijd steeds naar dezelfde plaatsen:
het station, de luchthaven, de opera,
hotels die je op één hand kunt tellen.

Hoofdplaat

We reden in Zeeland over de kustweg, trager
dan toegestaan, want achter een lijkwagen
met één pinker, kilometers lang, aan en uit.
Mijn vriendin, haar tante aan het stuur,
ik op de achterbank met een kater.
Tot vanmorgen met jou zitten praten.

In een gedicht dat ik nog schrijven moest,
zou ik het daarover hebben.
Over hoe niemand iets zei,
alsof we familie waren en op weg
naar een laatste rustplaats.
Maar eerst nog naar zee dus.
Altijd meegenomen in een gedicht voor jou.

Neem nu die meeuw die boven mij kwam hangen.
Ik had het gevoel dat meeuwen mij herkenden
van toen we nog maar net uit Gent waren.
Maar die meeuw hing daar zoals meeuwen meestal zijn.

Held

«Wat ben je aan het schrijven?»
«Over een raam. Het staat open en het moet dicht.»
«Lukt het?»
«Nou nee, ik krijg er mijn held niet toe
het raam te sluiten. Hij lijkt wel verslaafd aan buiten.»

«En nu?»
«Nee, nog altijd niet.»

Fabel

«Ik kan niet meer schrijven», zei de rat.
«Misschien eet je te veel graan?» zei de molenaar.

Engel

Die nacht opende ik het raam van mijn kamer.
Ik ging op mijn bed zitten.
Ik wist dat het niet veilig was te wachten
op zaken die misschien niet zouden komen.
«Weisst du's noch nicht?» zei die engel.

«Ben jij die engel?» vroeg ik.
«Zeg jij me wat ik al had moeten weten?»

«Stel dat je de keuze had», zei die engel.
«Wat verkies je? Wil je mijn bestaan desnoods
alleen maar vrezen of ga je ook
voor de stilte van gedrukte woorden?»

Ik herinner me niet hoe het verder ging,
behalve dat ik hier nog altijd zit. En waar is de zon?

Chick Corea

Ten aanzien van de werkelijkheid
heeft literatuur zich vergist,
ongeveer zoals muziek zich heeft vergist
ten aanzien van geluid.

Enkele seconden vooraleer hij een fatale injectie kreeg,
snoot mijn vader zijn neus.
Dat was zijn laatste wens.
«Ik wil nog eens mijn neus snuiten.»

Dat was geen muziek.
Dat was geluid.
Een scheet.

Toen hij gestorven was
en nog warm,
legde ik mijn hand op zijn hoofd.
Zijn kale ouwemannenhoofd.

Ik herinner me dat ik hem een klap wou geven.
Mijn zussen stonden in de gang te janken.
Ik was alleen.

Warmte hield mij tegen.

Mijn nieuwe vriendin

Mijn nieuwe vriendin gaat naar de begrafenis
van haar tante…

We zijn nog niet zo lang samen,
dus ik begrijp haar verdriet nog niet.

Zelfs dichte familie is voor mij erg schimmig.
Laat staan een verre tante.

Omdat ik lijd aan angststoornissen, kan ik niet mee.
Ik kan ook niet naar de bioscoop, café, concerten, voetbal,
ik kan niet eens in de lift met andere mensen…

«Genade zit vol dier», zei ik vanmorgen toen mijn vriendin
    vertrok.
Ik had die zin gedroomd en flapuit als ik ben…

's Morgens vrij ik het liefst op z'n hondjes.
Het belooft een dag vol passie, steeds opnieuw.
Zij die haar kont uitnodigend naar mij krult nog vooraleer de
    postbode komt…
En dat deden we dus, zij en ik.

Er zijn geen films die ik in de bioscoop wil zien.
Er zijn geen muzikanten die ik persoonlijk wil kennen.
Ik neem wel in mijn eentje de trap, naar muziek, stap voor stap.

Alleen als ik alleen ben, voel ik mij lucide genoeg om het woord
te nemen.

Maar ik denk aan mijn vriendin,
daar aan het graf van haar tante.

Ook ik wil verlossing.

Dode zwarte man

We gaan een zwarte man begraven.
Wij gaan dat allemaal samen doen.
We gaan het niet uitstellen.

We gaan begraven wat eerder leefde.
De zon zal naar ons kijken.
De zon zal fonkelen op zijn kist.
We gaan vriendelijk zijn voor het doven van licht.

Wat er staat te gebeuren, zal weer voorbijgaan:
we gaan een zwarte man begraven
die deze morgen niet ontwaakte
en deze avond niet gaat slapen.

We gaan de tijd nemen een zwarte man
onder de grond te stoppen voor altijd.

We gaan slechts een dun laagje aarde
op zijn dode lichaam leggen.
Zoals ook zijn huid
slechts een dun laagje was.

We gaan niet bidden bij zijn graf.
We gaan niet doen alsof er hoop is.
Hoop is een dier dat je in een wolk herkent.

We gaan een zwarte man begraven.

De dood zal een zwarte man welkom heten
noch afwijzen.

Yehuda Amichai

Er moet iets beters zijn voor joden dan Israël.
Iets beters dan de eeuwige zon en een hoop zand.
Betere betwiste gebieden, betere lessen uit de geschiedenis.
Iets wat meer belooft dan alleen maar gestolen land.

Er moet iets beters zijn voor joden dan nederzettingen.
Hoelang moet je daar eigenlijk zitten vooraleer op te staan?
Iets beter dan keppeltjes en gebedsriemen en bar mitswa's.
Ga eens petanque spelen met de buren, gooi als een raket.

Er moet iets beters zijn voor joden dan de Talmoed.
Er moet een idee zijn van God die leeft in Frankrijk,
een zich tot vrijheid, gelijkheid en broederschap beperkende
    religie.
Laat Mozes eens van de Horeb dalen met VN-resoluties,

met rechten van de mens, met gedichten van Yehuda Amichai.

Wierook wacht niet op een roman

Ik heb nog geen gedicht over de romantechniek geschreven.
Dat ga ik nu doen.
Met nu bedoel ik: 13 september 2014, middag.
Het wezen van de romantechniek is iets anders dan de roman-
techniek.

Eigenlijk moet ik schrijven:

Ik heb nog geen gedicht over het wezen van de romantechniek
geschreven.
Het is beslist mogelijk een roman te schrijven en geen idee te
hebben
over het wezen van de romantechniek.
Het is zelfs zo dat een roman schrijven makkelijker is naarmate
een idee over het wezen van de romantechniek achterwege blijft.
Een roman schrijven vereist romantechniek.
Het wezen van de romantechniek loopt daarbij alleen maar
in de weg.

Als we het wezen van een boom zoeken, moeten we beseffen
dat wat elke boom als boom door en door beheerst zélf geen
boom is
die tussen de overige bomen kan worden aangetroffen.

Zo is het ook met het wezen van de romantechniek.
Dat wezen vinden we niet tussen wat ons dagelijks aan nieuwe
romans

wordt voorgeschoteld en waarvan het lezen telkens opnieuw
een must heet te zijn.

Het is zelfs zo dat in de roman het wezen van de romantechniek
het verste weg is.
In de roman, n'importe quel roman, vinden we romantechniek,
een door schrijvers van allerlei slag zo griezelig correct toegepast
instrument
dat we zo langzamerhand kunnen spreken van een monocultuur
in het romanlandschap.

Het wezen van de romantechniek geeft de rode draad aan het
labyrint terug
daar waar de romantechniek dat labyrint tot rode draad herleidde.

Het wezen van de romantechniek houdt ons niet langer dan
een gedicht bezig
en wordt zelden op zijn merites beoordeeld omdat er bijna nooit
een roman uit voortvloeit.

Het ongepubliceerde verhaal waarin mijn leven werd verfilmd

Een kort verhaal met veel figuranten.
Een ervan, Marthe, lag op een avond in mijn bed.
Ze vertolkte een arbeidster in de zeepfabriek
waarin ik, lang geleden, heb gewerkt.

Ik lag naast haar wakker, leeg, verward.
Weer eens de liefde bedreven met een vreemde
en de avond voor vijftigduizend frank gelachen.

Ze sliep. Het hele korte verhaal lang bleef ze slapen
en dacht ik na over mijn leven dat werd verfilmd.
Ik wou haar wakker maken – maar wat te zeggen?

Het was beter dat ik haar liet slapen.
Het was beter dat er niks aan werd toegevoegd.

Het ongepubliceerde verhaal waarin mijn leven werd verfilmd.

Mijn vader was jarig

Mijn vader was jarig en zat naast me in de taxi.
Ik reed en schaamde me om zijn laatste levensjaar.

Van het drinken waren mijn vingers gezwollen.
Ik kreeg mijn trouwring er niet meer af.
Mijn vader droeg er, sinds mijn moeders dood, twee.

Drinken had hij nooit gedaan.
Evenmin de taxi genomen.

Kijk, zei hij en schoof de twee gouden ringen
van zijn vinger en legde ze als kleingeld
in de palm van mijn hand.

De sterren spraken onbeschaafd over succes.

De ezelin was drachtig in mijn droom
en schonk de wereld, die stal, een prachtig kalf.

Zelf had ik een kerstroman geschreven die aldus eindigde:

In de pastorijtuin groeien zeldzame planten.
Er is nog het brevierpad, maar er is geen pastoor meer.

Vandaag weer

Vandaag weer een frisse discussie
over poëzie gevoerd.

Kijk, zei ik, als ik helemaal niet,
nooit, in geen duizend jaren,
sentimenteel mag zijn?

Als ik al mijn tranen, van jaren ver,
voor altijd voor mezelf, ongehuild
weet je wel?

Als ik nu eenmaal dat soort
heel erg grote gevoelens
er niet op na mag houden?

Leger

Ik heb een selfie gemaakt, het is heel aardig:
mezelf en jouw laatste boek vol krankzinnige gedichten
waarin je taart eet en naar de dood verlangt.

Een boek ontstaat weliswaar in het hoofd
van een schrijver, maar eenmaal geschreven
is het een ding, dat weet een kind.

Nou, dat boek is er en ik ben er
en er is ook nog taart.

Taart gemaakt door een militair.

Tuin

Ik ben op mijn achttiende gestopt met pianospelen,
trouwde, kreeg drie zonen en een bloem van een dochter.
Ik werd ambtenaar en verzamelaar van eerste drukken
van Engelse kinderboeken uit het interbellum.

Al die tijd bleef mijn moeder een verwoed tuinierster.
Ieder jaar, met de lente, liet ze de vleugelpiano
in de living stemmen en ieder jaar vroeg ze me
nog een keer dat stuk van Erik Satie te spelen,
Gymnopedie III.

Ze vond die muziek, vreemd genoeg, zo goed
passen bij wat er in haar tuin gebeurde.
Moeder, zei ik, dat kan ik niet meer, mijn vingers zijn
pianotechnisch zo goed als bejaard.

Dan keek ze met een weemoedige glimlach
door het raam en legde haar handen in haar schoot.

Voordat er verwekt wordt

Voordat er verwekt wordt, is het goed te beseffen
dat er gedichten zijn die door niemand meer worden gelezen
en door niemand meer zullen worden gelezen
en bijgevolg net zo goed met rook in de lucht
hadden kunnen worden geschreven.

Voordat er verwekt wordt, is het goed te beseffen
dat het snoeien van bomen niet eeuwig kan worden uitgesteld,
en dat ook dat snoeien niets uithaalt.

Voordat er verwekt wordt, is het goed te beseffen
dat er in voorhistorische tijden meisjes waren die pas
als ze zwanger waren naar de hemel mochten kijken
en dat mochten blijven doen als ze een meisje op de wereld
    hadden gezet.

Voordat er verwekt wordt, is het goed te beseffen dat er
aan het patriarchaat, waarvan wij thans de laatste stuiptrek-
    kingen meemaken,
een matriarchaat voorafging dat niet alleen oneindig veel langer
duurde, maar in vele opzichten barbaarser was dan wat er op
    volgde.

Voordat er verwekt wordt, is het goed te beseffen
dat het leven niets is dan een onnodige verstoring
tussen het niets dat er aan voorafgaat en het niets
dat er op volgt, zoals Arthur Schopenhauer wist.

Voordat er verwekt wordt, is het goed doodsbang te zijn
en te beseffen dat je doodsbang zult blijven.

Voordat er verwekt wordt, is het goed te beseffen
dat het tot niets dient. Vroeger niet, nu niet, later niet.

Voordat er verwekt wordt, is het goed te beseffen
dat je beter op je kamer was gebleven.

Voordat er verwekt wordt, is het goed te beseffen
dat hoop als een dier is dat je in een wolk herkent.

Voordat er verwekt wordt, is het goed te beseffen
dat ook je nageslacht een martelgang wacht
maar beginnen zal met het eten van kersen,

zo zoet, en zo koud.

Blind

In mijn jeugd heb ik blind leren typen
in de parochiezaal naast het kerkhof.
Er zaten op de toetsen van de schrijfmachine
plastic dopjes: geel, groen, blauw en rood.
Je moest het alfabet ook geografisch kennen.

Ik behaalde de derde prijs!
186 aanslagen per minuut!

Als ik naar de typles ging, liep ik
ook altijd even langs bij mijn moeder.
Daar bij het muurtje met het bakstenen dak
waarop je kon gaan zitten als op een paard.

Vlucht

Het is woensdagavond, kwart na zes.
Het is dertien mei. De zon bladert
in het jonge groen van de platanen.
Het is borreluur. In het vriesvak
heb ik bier.

Ik drink bier graag erg koud.
Ik heb het idee dat dat beter is
voor mijn gezondheid.

Terwijl ik in mijn eentje zit
te drinken, denk ik aan de dichter
die ik had kunnen zijn.

Het zijn gedachten waaraan ik mij
graag overgeef en dan is het alsof
ik dat moment kan vastleggen:

Het koude bier, kijken naar het jonge groen
van de platanen op een mooie, zonnige avond
in de lente – weer een goed gedicht.

Dan is het alsof ik weet hoe weinig
het scheelde. Dan is het alsof ik weet
waaraan ik ben ontsnapt.

Een opstapje om een goed dichter te worden is er niet

Woensdag, kwart voor twee in de middag.
Ik heb de vloer aangeveegd, enkele betalingen online gedaan.
Toen ben ik beginnen zweten.
Het heeft met twee dingen te maken:
de pillen die ik tegen mijn drankzucht slik en mijn drankzucht.

Uit mijn boekenkast kwam een vinger me in de rug porren.

«En jij?» zei die vinger.

Ik haalde er een foto van mijn grootmoeder bij,
genomen nog vóór Wereldoorlog II,
een meisje met een sjaal en een schort.
Maar die vinger bleef maar porren.

En ik? zei ik tenslotte.
Ik herinnerde me een droom
waarin ik Kristien Hemmerechts ontmoette.
«Dag Kristien», zei ik in die droom.

«Kristien, Kristien», zei ze. «Ik ben Martha Nussbaum.»

Nee, een opstapje om een goed dichter te worden, is er niet.

Enquête

Ga je het liefst op reis naar een land
waar er weinig tot geen schilders zijn?

Vind je dat sloopwerken moeten worden uitgesteld
tijdens de geboorte van een kind met microsefalie?

Kun je nog lichtjes verbaasd zijn als een moslim
de toegang tot een naaktstrand wordt ontzegd,
of is het meteen alle hens aan dek?

Zijn er 's nachts in jouw omgeving gordijnen die gaan wapperen
en waar je doorheen slaapt?

Zou je van iemand kunnen houden die op de begrafenis
van Luc De Vos stomdronken was?

Je krijgt twee drankjes. Welke neem je?
(Opgelet, je hebt kinderen!)

Je krijgt twee drankjes. Welke neem je?
(Opgelet, je hebt geen kinderen!)

Zou je iemand geloven die je vraagt
te helpen liften?

Is er een vrouw in je leven waarvan je dacht
dat ze al gestorven was?

Zou je iemand kunnen geloven die het doodsprentje
van je moeder versnippert en over een favoriet sexstandje
zegt dat het allemaal niet zo heel erg hoeft?

Marilyn Monroe voordat ze Ulysses las

(NAAR EEN ODE VAN HORATIUS)

Marilyn, mijn wens is verhoord, Marilyn, mijn wens is verhoord
door de goden: je wordt oud maar toch wil je
de schijn van dom blondje bewaren,
je flirt onbeschaamd, je drinkt

en met trillende stem zing je een dronken lied
voor J.F.K. – maar hij blijft weg, hij zocht een plaats op
bij de onsterfelijken die niettemin gestorven zijn,
in zijn geval vermoord.

Hij vliegt zonder pardon aan je opbollende jurk voorbij,
hij vlucht voor je weg, want je gebit is weer geel,
zoals toen je nog gewoon Norman Jean Baker heette,
toen je je haar nog niet blondeerde.

Maar Technicolor noch Chanel No. 5
schenkt je de jaren terug als de vluchtige dag
ze eenmaal weg heeft geborgen
in het alom bekend archief.

Waar is glamour nu? Waar is je kleur, je tred,
zo gracieus om te zien? Waar is de Marilyn die
zoveel harten kon breken
en mij eens buiten mezelf bracht?

Jij, favoriet (op Brigitte Bardot na), bekend, geliefd
om je raffinement; Brigitte is jong gestorven,

in de bloei van haar leven, en in haar plaats
ben jij een oude doos, een uitgewoonde foef.

Marilyn, tot aan een leeftijd als van een oude kraai,
blijf jij voor mij (eertijds hitsig als een jongeman)
een meisje dat Ulysses van James Joyce niet heeft gelezen.

Gesprek in het rusthuis

Ik denk aan een liedje van Neil Young
als ik mijn oude vader in het rusthuis een bezoekje breng.
Old man, take a look at my life…

«Wat ben je aan het doen?» vraagt mijn vader.
«Ik denk aan een liedje», zeg ik.
Hij ligt in zijn bed. Glad geschoren.
Haast weer een kind.

«Weet je aan welk liedje ik denk?» vraag ik.
«Nee», zegt mijn vader. «Hoe zou dat ook kunnen?»

Eindeloze seconden later: «Je moeder luisterde graag naar
    muziek.»

Er staan verse bloemen in de vaas.
«Wat heb je met de vorige gedaan?» vraag ik.
«Die heeft een verpleegster meegenomen.»
«Die waren nog goed», zeg ik.
«Weet ik», zegt mijn vader. «Zo gaat dat hier.»

Op de televisie is er de Tour de France, het geluid staat uit.
«Wil je het geluid niet aan?» vraag ik.
«Ik kijk meer voor de landschappen.»

«Altijd weer Frankrijk», zeg ik. «We zijn er vroeger vaak
    geweest.»

«Ja», zegt mijn vader. «Toen je moeder nog leefde.»

«Geloof jij eigenlijk nog?» vraag ik.
«Nee», zegt hij. «Dat is voorbij.»

«Herinner je nog die keer dat ik mijn vinger had verbrand
aan de sigarettenaansteker in de wagen?» vraag ik.

Hij antwoordt niet, blijft naar de televisie kijken.
Beeld zonder klank.

«Mama gaf mij een potje yoghurt waarin ik mijn verbrande
vinger moest steken», zeg ik. «Tegen de ergste pijn.»

«We krijgen hier elke morgen yoghurt», zegt mijn vader.

«O ja?» vraag ik.

«Ja, soms met stukjes ananas. Of met krieken.»

De grote badhanddoek is klein aan zee

Die keer dat het zo heet was dat mijn moeder de luiken sloot
en we allemaal in ons zwempak in het schemerduister zaten
    te niksen,
yoghurt aten, citroenlimonade dronken, daar denk ik aan,
een halve eeuw later, liggend aan het strand, met gesloten ogen.

Aan mijn jongste broertje dat begon te huilen, ook om niks,
of om wat niet langer klopte, de donkerte in de middag, de hitte,
de Tour de France waar mijn vader naar keek, biertjes hijsend,
rokend, scheldend op Fred De Bruyne en Ocana.

Tegen de avond opende mijn moeder weer de luiken,
we aten koude pla, gingen vroeg naar bed.

Out of office

Vakantie is nu een tijdje mijn werkgever.
Zijn departement? Het Franse Pas-de-Calais.
Ik mag op de thee bij zijn moeder in haar Engelse tuin,
ook al mijn vrienden zijn er welkom.

Zijn vader is de blauwe zee tussen Cap Gris Nez
en Cap Blanc Nez, verzamelaar van brede stranden,
eindeloze middagen in de zon, landtongen, luchten.

Hij heeft een dochtertje dat gelooft
in lang uitslapen, terrasjes doen, oude kerken,
mossels in witte wijn, sjaals, espadrilles
en ansichten versturen.

Voor haar verjaardag kreeg ze een fiets
en wind in de rug.

Ze wil mij alles laten zien!

Joden

Tijdens de voorbereidingen van een tentoonstelling
zag ik een vrouw met witte handschoenen een eeuwenoud
    manuscript
op een staander zetten.

Ze beroerde de bladzijden stiller
dan een overledene de lucht.

Ze was de jongste stagiaire uit de dienst Oudheden.
Ik schatte dat ze twintig jaar was – een schoonheid.

's Nachts verscheen ze me in een droom.
Het was dezelfde vrouw, onmiskenbaar, maar stokoud geworden
en wat ze op een staander zette, waren de erotische gedichten
die ik in de hondsdagen schreef, jaren geleden,
gedichten die ik van plan was op het Yehudafestival
in Tel Aviv voor te lezen, toen ik nog geen vliegangst had.

Europa

Of mijn gedichten nederig zijn?
In ieder geval heeft mijn hart mij nederig gemaakt.
Het is als een plastic tuinstoel, mijn hart.
Je kunt er een paard aan vastbinden, maar geen mens.

In mijn geboortedorp, een gat in Vlaanderen, is er
tijdens de jaarlijkse kermis vuurwerk en dat vuurwerk
maakt mij altijd triestig.

Het is een bescheiden vuurwerk en de kinderen
van het dorp vinden het geweldig.

Ze zeggen: «Mama!» Ze wijzen en ik begrijp dat,
maar mijn gemoed schiet vol,
want ik wil ook wel roepen en wijzen
maar er valt niks meer te roepen, te wijzen.

Ik zie er mijn vroegere vrienden,
het is alsof ook mijn vrienden kinderen zijn gebleven.
Ik zie er hun vrouwen en ik ben triestig.

Zij zijn blij en ik ben het niet.
En zij zien mij triestig worden om iets dat hen verrukt.

Het is alsof grote steden nog moeten worden uitgevonden in
    Europa
als ik het vuurwerk zie in mijn geboortedorp.

Als ik nou eens nederige poëzie zou kunnen schrijven,
dorpse verzen, verlost van blikseminslagen.

Als ik nou eens met eenvoudige woorden zou kunnen zeggen
wat ik zeg.

Rock

Ik heb alleen nog maar vriendinnen
die niet meer naar rockoptredens gaan.
Rock kan hen onderhand gestolen worden.

Nathalie, Cyndi, Veronica, Nanna, Nele –
had je hen vroeger moeten zien! Lederen jasjes
met buttons, zot veel mascara, netkousen, legerbotinnes.

Iemand of iets heeft het volledig verpest.
Als ik bij hen aanbel, probeer ik er
uit te zien als iemand die het nog niet heeft opgegeven.

Ik heb bloemen bij en sla die ruiker
tegen de gevel zoals een rockster
een gitaar kapot slaat.

Erotiek

Als je in bad ligt en me vraagt je rug te wassen,
dan ga ik je niet vertellen dat ik ooit de rug
van mijn grootmoeder gewassen zag
door Alice Vermoortel van het witgele kruis,
op een zomeravond in 1973, toen ik als kind
bij mijn grootouders op vakantie was.

Ik ga mijn leven niet reconstrueren, liefje, vrees niet.
Die halve eeuw bezorgt ook mij een geeuw.
Bovendien mocht mijn grootmoeder Alice Vermoortel niet erg.

De krenten dan, de highlights?
Een medley van wat spannend was?

Vergeet het.

Koning Boudewijn

Rond Menen vind je ze nog:
oude, vervallen dancings
op eindeloze steenwegen.
Lege parkings vol onkruid.

De Carrera, het Münchenhof,
de Canada.

Met aan de dichtgetimmerde ingang
een bordje: interdit aux Nord-Africains.

Ik vond er eens een briefje van twintig frank!

Liefje

Ik heb me met koud water gewassen.
Mijn schouders. Mijn buik.
Mijn rug zover ik kon.
Alles met koud water.
Mijn oksels ook.

Ik keek in de spiegel en zag iemand
die zich aan het wassen was.
Het was eerlijk gezegd geen zicht.

Koud water over mijn billen.
Koud water over mijn gezicht.
Mijn haar nat van het koude water.
Mijn voeten en ook mijn gat.

Had ik maar een liefje!

Het laatste bed

Er ligt een zwart-witfoto van mijn handen naast mijn bed.
's Avonds, vooraleer ik inslaap, kijk ik er een tijdje naar.
Het brengt me rust.
Het zijn de handen van een jongeman.
Ik was twintig toen die foto werd genomen.
Mijn handen, verder niks.

Ook 's morgens kijk ik ernaar.
Het is een ritueel.
Ik kijk naar mijn oude handen
die nog jong zijn en sta dan op.

Laatst had ik een vriendin
die dat maar griezelig vond.

Het deed haar aan een rouwprentje denken.
«Het zijn die handen waarmee
je me aanraakt», zei ze.
«Als je me vingert, denk ik aan die foto,
maar dan in kleur.»

Ik zei: «Toen mijn moeder op sterven lag,
hield ik haar hand vast.
Nadat ze was gestorven, heb ik alles verbrand
dat die hand heeft aangeraakt.
Alleen mijn eigen handen
kon ik niet verbranden.»

Landschap

Wat voor een landschap onontbeerlijk is?
De scheiding die de horizont brengt, het meegeven
van de aarde die zich gewillig welft?
De erotiek van geologie?

Kijk, de olijfbomen in de plooi van berg en dal
weten niet dat ze in bezet gebied staan.
Ze geven vruchten, maar niet aan ons.
Niet aan zij die bezetten, noch aan zij die bezet worden.

Als wij er niet zouden zijn, ook dan zou de wind
met trage halen door hun takken gaan.
In het hoogst van de middag zou schaduw
net zo schaars zijn als wij er niet zouden naar dorsten.

Kijkend naar bloemen loop je op het dak van de hel,
zegt een Japanse dichter.
En hij had niet eens olijfbomen in bloei gezien!

Ze geven niks dat we, in een gulle bui, terug zouden kunnen
    geven.
Hun vruchten niet, hun traagte niet,
niets wat wij maken kan hen van waarde zijn.

Er is geen misdaad in hun bijdrage aan het landschap.
Ze verdragen, als blaadjes, geteisterd door dezelfde wind,
het lot van wat ook voor mij onuitsprekelijk is.

Let maar op

Let maar op liefje, ik ben erotische gedichten aan het schrijven.
Alle smakelijke billen kunnen mij gestolen worden, niet die
    van jou.
Gisteren at ik gebakken kippenvleugels.

Ze dropen van het vet. Ik kocht ze aan de Dampoort
en maakte ze klaar op mijn oude gasfornuis.

Per kilo kosten ze drie keer niks.
Ik kocht ook sigaretten en toen ik thuiskwam
sloot ik de gordijnen en zat in mijn eentje te roken.

Ik wil niet dat iemand me ziet slurpen.
Ik keek onder het eten naar Argentijnse tango op tv.
In mijn gedachten was ik een oude man
die met een jonge vrouw kan dansen.

Ik hield je stevig vast. Je vloog.

Vet droop van mijn sigaret.

Utrecht

Hotel Atlanta, snoepjes op de kussens.
Jij doet hetzelfde met je laarzen.
Gekleed liggen we naast elkaar te zwijgen.
In een belendend schooltje kindren krijsen.

Speerwerpen en witte wijn, de rituelen
die vanouds om eeuwigheid vragen.
Op tv is er een Amerikaanse film
uit de jaren dertig. Violen kraken. Charme.

Champagne of massageporno? Opnieuw
het drama van genot, mijn duim in je kont.
En daarna club sandwich. Roken, open raam.
Gedichten nog eens oefenen voor de spiegel.

Nacht van de poëzie, Utrecht, here I come!

Vluchteling

Penelope, wachtend op Odysseus,
nam wat ze overdag had geweven
's avonds opnieuw ter hand
en verlangend naar zijn terugkomst
rafelde ze wat ze had gemaakt weer los.

En jij, liefje? Wat heb jij gedaan
om de tijd tegen te houden?
Ik hoorde dat het hele dorp
over je dikke billen droomt.

Meisjes wachten tevergeefs bij de bron
en verfrissen hun eigen slapen
met van jongens de koud geworden tranen
die ze om jou vergieten, dag en nacht.

Niemand koopt nog pepers op de markt
als jij je mandje hebt gevuld. Waarom?
De zon laat steken vallen in Europa, het is alsof
mijn vlees is aangespoeld als een vluchteling.

Moeder

Ik weet nog dat het september was
want dan krijg ik van de belastingen
wat ik teveel betaalde en de zon
was vroeger op dan ik en zwemmen

was nog iets wat ik dagelijks deed
gewoon baantjes trekken en daarna
in de taverne koffie en de krant
waarin ik las dat het concert in de abdij

vanwege ziekte van de dirigent
die heel speciaal uit Israël kwam
geveld door koorts en mijn zus
berichtte me dat de mis

voor mijn moeder dit jaar is verschoven
en ik noteerde het in mijn agenda
en dacht dat ik het ook wel zo
onthouden zou maar voor de zekerheid.

Liefde

Ik had de leeftijd bereikt waarop het vinden van een vrouw
van mijn eigen leeftijd geen vondst meer genoemd kan worden,
laat staan een gelukkige. Ik was vijftig jaar.

Ik wist natuurlijk al langer dat ik geen talent heb
voor een duurzame relatie, maar het idee dat je seks min of meer
op afroep kunt hebben als je je maar tot één vrouw bekent,
als je niet telkens opnieuw op datingsites gaat liggen jagen
en van de ene onenightstand in de andere rolt,
bleef me fascineren.

Was een vrouw van mijn leeftijd, om er een relatie mee te
        hebben,
eigenlijk geen optie meer, vanwege onaantrekkelijk,
een veel jongere vrouw (een vrouw in wier uiterlijk je het meisje
        nog kunt zien dat ze vroeger is geweest en waarvoor je in de
        zwijmeling van de middag
jasmijn en sinaasappels wilt plukken) leek me ook maar een
        heilloze onderneming waarmee ik me alleen maar een hoop
        ellende op de hals zou halen.

Op een dag vond ik een brief in mijn bus die niet door de
        postdiensten
was besteld. Ging zo: «Ik heb je gedichten gelezen, je hebt me
        geraakt,
ik wil je beter leren kennen, ik ben een jonge weduwe, blond,
        enkele kilo's meer.»

In de inkomsthal van mijn appartement dacht ik haar parfum
te kunnen ruiken.

Ik belde het nummer waarop ik haar kon contacteren en kreeg
haar zus
aan de lijn. Ze heette Tania (een lelijke naam) en ze vertelde
me dat haar zus
zich van het leven had beroofd. Ik zei dat ze me een brief had
geschreven.

«Ja», zei haar zus. «Zo was ze.»

Piëta

Dit is mijn hoeveelste begrafenis?
Er zijn, in mijn leven, mensen gestorven
die het qua belang niet konden halen
bij de dood van mijn ouders.

Ik ben een man met een week gezicht
dat bij mijn professie past als een worst
in zijn darm: ik ben een Vlaamse dichter.
Over mijn broer, die ook gestorven is,
heb ik alleen maar enkele notities gemaakt.

Hij overleed als tiener en mijn moeder,
die niet veel later zelf dood zou gaan,
wou in zijn kist het kindje Jezus
dat ze met een keukenmes uit de armen
van de Heilige Maagd had gewrikt.

Het geamputeerde beeld van de Madonna met kind
kwam na de dood van mijn vader in mijn bezit.
Het staat, onder een globe, op mijn schoorsteenmantel.
Niemand had er interesse in.

Ik moet mensen die bij mij op bezoek komen
altijd duidelijk maken dat ik niet gelovig ben,
maar dat je in het gips nog de sporen ziet
van een moeder die rouwt om haar dode zoon.

Een lelijke man schrijft een liefdesgedicht

Ik ken alleen je tekeningen van lelijke mannen
en tast in het duister of je ook mij hebt geportretteerd.

Ook weet ik niet of je vroeger tekeningen maakte
van mooie mannen, of dat ooit nog zult doen.

Of tekeningen van mannen die ermee door kunnen,
mannen die je niet echt lelijk kunt noemen en ook niet mooi,
maar die je eerder uit commerciële overwegingen zou maken.

Ik denk dat ook dat mooie tekeningen zouden zijn,
maar ik kan eigenlijk alleen maar iets zeggen
over je tekeningen van lelijke mannen,
dat ik het bijvoorbeeld een hele eer zou vinden als jij
van zo'n tekening zegt: dat ben jij.

Het is goed dat er vrouwen zijn
die tekeningen maken van lelijke mannen.

Er zouden meer van dat soort vrouwen moeten zijn
en minder van dat soort mannen.

Men blijft me maar opvoeden

Het regent, men komt me vertellen
wat ik moet doen als het regent.

En als het niet regent?

Het regent, het is nog niet opgehouden met regenen.
Wat je moet doen als het niet regent
vertellen we je later wel.

Wanneer?

Het regent, blijf bij de les.

Prima, maar wat doe ik als het stopt met regenen?

Je kunt al een beetje oefenen.

O, ja?

Als het niet regent moet je doen
alsof je tegen een vrouw praat.

Vet hart

Toen zei de cardioloog tegen mij:
«Koenraad, je hebt een vet hart.»

Ik vind mijn cardioloog eigenlijk een bruut.
Hij had net zo goed kunnen zeggen:
«Koenraad, je zult gauw sterven.»

Dat weet ik ook wel,
maar als hij het zou zeggen,
op zijn brute manier,
nou, dan zou ik geloof ik anders
naar de Mattheüspassie van J. S. Bach luisteren.

Het is vandaag internationale vrouwendag.
Mooie vrouwen zijn verslavend wordt gezegd.
Nou, niks van gemerkt.
Isabelle niet, Vera niet, Linda niet of Margo.
Mijn zus, ja die!

Ik heb een paar keer met een volslanke vrouw gevreeën.

Ze was zo dik dat ik niet tussen haar billen kon.
Intimiteit was alleen van achteren mogelijk.
Niet in haar gat, begrijp me niet verkeerd.
Nou ja, ook in haar gat.

Zij op ellebogen en knieën.
En ik maar verliefd zijn.

Er is een spiegel in mijn slaapkamer,
het was alsof ik mijn eigen poëzie kon zien
en terwijl we aan het vrijen waren,
hoorde ik de muziek van Bach.
Is het wel poëzie? vroeg ik mij af.

Dat zei ik dus allemaal tegen de cardioloog
toen hij dat zei van mijn vet hart.

Mijn strijd

Er gaat geen nacht voorbij of ik droom over
de minder bekende I-don't-have-a-dream-speech.

Is het mijn vorderende leeftijd, of is het de lente
die er voor zorgt dat ik de laatste tijd opgelucht
naar vrouwen kan kijken?

Ik bedoel, en ik bedoel het niet denigrerend,
maar het is zo'n beetje als op een rommelmarkt.
Wat echt oud is, is te duur voor mij.
En jonge vrouwen hebben iets goedkoops,
een DVD van *Lost*.

Laatst was ik in een frituur
en naast mij stond een beeld van een jonge vrouw.
Een Scandinavische, blond, groot.
Ze moest zich in het Engels behelpen.

Ik bestel altijd hetzelfde.
Een medium friet en een portie bitterballen.

Het toeval wilde dat die jonge vrouw
net hetzelfde wou.

Het was een eeuwigheid geleden dat ik nog zo
in verlegenheid was gebracht.

Dood kind

Om te wiegen hoef je geen muziek te kennen,
geen contrapunt, geen toonladder kan je helpen
als je wie je liefhebt wiegen wilt.

Geen fado,
geen requiem,
geen balade.

Om te wiegen is stilte de maat,
de stilte van vóór Bach.

Er is iets mooiers dan muziek
en dat is wiegen.

Ik wieg je in mijn armen, kindje toch.

Psalm

Klokkenluider van beroep was ik in een droom.
Hoog in een toren sliep ik naast je. Toen je me
wakker maakte wou ik meteen beginnen luiden,
maar je legde je vinger op mijn mond. Ssst, zei je.

Er is niets nieuw, er is geen tijd voorbijgestreken
sinds ik hier bij je kwam. Eigenlijk ben ik er nog
altijd niet of maar heel net, geen moment
had je mij voor altijd te groeten. Blijf stil dus.

Je nam mij naar beneden mee. De mist hield
de toren schuil en daarbuiten verloor mijn bestaan
terstond betekenis. Heel ver, amper hoorbaar,
lekten Andrea Bocelli's ogen brons en bariton.

Ode

Welke kiezer heeft het recht
de pop van de arbeidersdochter stuk te slaan?

De rechtse? De linkse?

Wie heeft het recht over de aarde iets te zeggen?
De aarde is de stukgeslagen pop van de mensheid,
maar is kind zijn ook geen recht?
En heeft een kind een stukgeslagen pop minder lief?
Ik dacht het niet.

Met een Mustang rijden? Van Elvis Presley houden?
Achterin de tuin een vuurtje stoken met versleten autobanden?
Eens iets anders eten dan groentetaart?

Nu eens was hij rijk. Dan was hij arm,
de man met een penis als de arm van een baby
met in zijn hand een blinkende appel.

En zijn pop bleef onder het slaan pop zijn.

(Overigens ben ik van het idee, katholiek zo je wilt,
dat de aarde naast een begin ook een einde kent.)

Laten we dat einde niet aan kleinkinderen geven.
Ze verdienen beter dan een vergiftigd geschenk.
Laten wij in hun plaats eindig zijn.

Wat is het geluk van een oude man?
Wat is de smart van een pasgeborene?

Slot

Op een dag haal je de uitroepingstekens uit je verzen
en wat je zegt wint aan kracht!
Ode aan die dag.

Op een dag leg je je levensvreugde naast je op een plek
die je op je terugweg makkelijk denkt te zullen vinden.
Alleen, je keert nooit terug.
Ode aan die dag.

Op een dag leer je hoe intact de toekomst blijft
als je jaartallen uit het verleden met wat nog komen moet verwart.
Ode aan die dag.

Op een dag ben je ongeneeslijk ziek
en stap je 's morgens uit je bed en al je dromen
eisen dromen.
Ode aan die dag.

Op een dag ga je geloven dat je goede gedichten schrijft.
's Avonds loop je in de tuin van je buren naar de sterrenhemel
te kijken en je valt in de donkerte niet op en je hebt die dag
niets geschreven.

Ode aan die dag.